ALMADRABA
PARK · HOTEL
ROSES

Mango une marque de Fleurus Éditions
www.fleuruseditions.com

Sophie Menut

Craquez pour les tapas !

Toute l'Espagne dans votre assiette

Photos : Aimery Chemin

MANGO

Sommaire

4
Sangria et banderillas

6
Beurre d'anchois
et mousse de crevettes

8
Beignets de morue

10
Banderillas d'agneau

12
Patatas bravas

14
Rissoles au thon

16
Tartines à la purée d'olives,
anchois et œufs de caille

18
Pimientos del piquillo

20
Salade tiède de fèves et boudin

22
Pan con tomate

24
Chipirons à la catalane

26
La vraie tortilla

28
Banderillas terre-mer

30
Beignets de légumes

32 Empanadillas aux poivrons

34 Cazuelitas de poulpes au chorizo

36 Feuilletés d'aubergine au fromage basque

38 Moules à l'escabèche

40 Rosaces au saumon

42 Bouchées à l'espagnole

44 Sardines marinées

46 Huevos verde

48 Croquetas jambon-fromage

50 Banderillas ceviche-avocat

52 Tortilla au chorizo

54 Salade de pois chiches à la morue

56 Feuilletés aux artichauts

58 Cassolettes de scampis aux tomates

60 Boulettes de viande

62 Haricots blancs à la saucisse

4 Sangria et banderillas

Préparation
20 minutes

Cuisson
15 minutes

Ingrédients pour 6 personnes (18 brochettes)

Pour la sangria
1 bouteille de vin rouge corsé
1 verre à liqueur de Cointreau® (5 cl)
2 oranges
2 citrons
3 bâtons de cannelle
80 g de sucre semoule

Pour les banderillas
18 filets d'anchois à l'huile
18 crevettes roses cuites décortiquées (scampis)
4 pommes de terre
9 tomates cerises
18 olives vertes dénoyautées
6 œufs de caille
Sel

18 piques en bois

/ Préparez la sangria : pelez les agrumes à vif puis coupez-les en rondelles. Versez le vin et le Cointreau® dans un saladier. Incorporez les rondelles de fruits, les bâtons de cannelle et le sucre. Réservez au réfrigérateur afin que ce soit bien frais. Ajoutez quelques glaçons au moment de servir.
/ Préparez les banderillas : pelez les pommes de terre. Faites-les cuire 15 minutes environ dans une casserole d'eau bouillante salée (elles doivent rester fermes). Égouttez-les et laissez-les refroidir.
/ Dans une casserole d'eau bouillante, faites durcir les œufs de caille pendant 5 minutes. Passez-les sous l'eau froide et écalez-les. Coupez chaque œuf en 3 rondelles.
/ Lavez les tomates cerises et coupez-les en deux.
/ Égouttez les filets d'anchois.
/ Coupez les pommes de terre en rondelles épaisses.
/ Sur chaque pique en bois, enfilez 1 rondelle de pomme de terre, 1 rondelle d'œuf, 1 crevette, 1/2 tomate, 1 filet d'anchois et 1 olive.
/ Réservez les banderillas au réfrigérateur jusqu'au moment de servir.

Bon à savoir !
Préparez la sangria la veille, elle n'en sera que plus parfumée. En Espagne, la sangria est la boisson de toutes les fêtes, communions, baptêmes mais aussi des soirées entre amis.

6

Beurre d'anchois et mousse de crevettes

Préparation
10 minutes

Sans cuisson

Ingrédients pour 6 personnes
1 baguette de pain

Pour le beurre d'anchois
150 g de filets d'anchois à l'huile
1 échalote
2 gousses d'ail
1 cuillerée à soupe de jus de citron
150 g de beurre ramolli
Sel, poivre du moulin

Pour la mousse de crevettes
250 g de crevettes roses cuites décortiquées
1 pincée de paprika
Le jus de 1 citron
15 cl de crème liquide très froide
1 cuillerée à soupe d'huile d'olive
Sel, poivre du moulin

/ Préparez le beurre d'anchois : égouttez les filets d'anchois. Pelez et émincez grossièrement l'échalote et les gousses d'ail.

/ Dans le bol d'un robot, déposez les filets d'anchois, l'échalote et l'ail. Ajoutez le beurre et le jus de citron. Salez et poivrez. Mixez finement la préparation. Réservez ce beurre d'anchois au réfrigérateur.

/ Préparez la mousse de crevettes : dans le bol d'un robot, déposez les crevettes. Ajoutez le jus de citron et l'huile d'olive. Mixez rapidement le tout en purée. Salez et poivrez.

/ Fouettez la crème liquide en chantilly et incorporez-la délicatement à la purée de crevettes. Réservez au réfrigérateur.

/ Au moment de servir, saupoudrez la mousse de paprika. Accompagnez le beurre et la mousse de rondelles de baguette grillées.

Bon à savoir !
Vous pouvez ajouter 30 g de poudre d'amandes au beurre d'anchois au moment de mixer les ingrédients et l'utiliser comme condiment pour accompagner des poissons grillés.

TAPAS DEL DIA!
FILETS D'ANCHOIS ALLONGES
A L'HUILE D'OLIVE

Beignets de morue

Préparation
30 minutes + 24 heures de dessalage
+ 1 heure au réfrigérateur

Cuisson
10 minutes (la morue),
4 minutes (les beignets)

Ingrédients pour 6 personnes
(24 beignets environ)
400 g de morue salée
400 g de pommes de terre
2 œufs
1 oignon
1 gousse d'ail
1 pincée de piment de Cayenne
5 brins de persil plat
100 g de farine
Huile de friture
Sel, poivre du moulin

/ La veille, faites dessaler la morue dans un grand saladier d'eau froide en renouvelant plusieurs fois l'eau de trempage.
/ Le jour même, rincez la morue et faites-la pocher dans une casserole d'eau bouillante pendant 10 minutes environ.
/ Épluchez et lavez les pommes de terre, puis coupez-les en morceaux. Faites-les cuire 15 minutes dans une casserole d'eau bouillante.
/ Pelez l'oignon et la gousse d'ail. Équeutez le persil.
/ Égouttez la morue. Ôtez les arêtes et effeuillez la chair.
/ Égouttez les pommes de terre et écrasez-les à la fourchette.
/ Dans le bol d'un robot, déposez la morue, les pommes de terre, l'oignon, l'ail et le persil. Assaisonnez de sel, poivre et piment de Cayenne. Mixez finement le tout.
/ Incorporez délicatement les œufs et réservez cette préparation 1 heure au réfrigérateur.
/ Faites chauffer l'huile dans une friteuse ou une sauteuse.
/ Prélevez 1 bonne cuillerée à soupe de préparation et façonnez 1 croquette de la taille d'une grosse noix entre vos mains. Passez-la dans la farine. Réalisez ainsi les autres croquettes.
/ Plongez les croquettes dans l'huile bien chaude et laissez-les dorer 2 minutes de chaque côté. Égouttez-les sur du papier absorbant.

Bon à savoir !
Servez les beignets accompagnés de mayonnaise ou de jus de citron. La morue est le poisson roi en Espagne. Vous en trouverez sur toutes les tables comme chez son voisin le Portugal.

Banderillas d'agneau

Préparation
20 minutes + 6 heures de marinade

Cuisson
8 minutes environ

Ingrédients pour 6 personnes
(18 petites brochettes)
1 kg d'épaule d'agneau désossée
1 poivron rouge
1 poivron vert
1 citron coupé en quartiers
2 gousses d'ail
1 cuillerée à soupe de cumin en poudre
1 cuillerée à soupe de curcuma
1 cuillerée à café de piment d'Espelette
1 cuillerée à café de graines de coriandre
Le jus de 1 citron
10 cl d'huile d'olive
Sel, poivre du moulin

18 piques en bois

/ Coupez l'agneau en petits cubes. Déposez-les dans un plat creux.
/ Pelez et hachez les gousses d'ail.
/ À l'aide d'un pilon, écrasez les graines de coriandre.
/ Dans un bol, mélangez l'ail et la coriandre avec le cumin, le curcuma et le piment d'Espelette. Ajoutez le jus de citron et l'huile d'olive. Salez et poivrez. Versez la préparation sur la viande et laissez mariner 6 heures au réfrigérateur.
/ Rincez les poivrons, coupez-les en deux et épépinez-les. Coupez-les en cubes.
/ Sur chaque pique en bois, enfilez, en les alternant, les cubes de viande et de poivrons.
/ Faites cuire les brochettes au gril ou à la poêle pendant 8 minutes environ. Servez-les accompagnées de quartiers de citron.

Bon à savoir !
Pour un plat complet, servez ces brochettes avec du riz et une salade verte. Accompagnées d'un bon verre de sangria, ces brochettes sont parfaites pour changer des traditionnelles merguez au barbecue.

Patatas bravas

Préparation
20 minutes

Cuisson
15 minutes

Ingrédients pour 6 personnes
6 grosses pommes de terre à chair ferme
2 cuillerées à soupe de moutarde de Dijon
1 jaune d'œuf
2 gousses d'ail
1 pincée de safran
3 cuillerées à soupe de vin blanc
15 cl d'huile d'olive
Sel, poivre du moulin

/ Épluchez les pommes de terre et faites-les cuire 15 minutes environ dans une grande casserole d'eau bouillante salée.
/ Pendant ce temps, pelez et hachez les gousses d'ail.
/ Préparez une mayonnaise : dans un bol, fouettez le jaune d'œuf avec la moutarde. Versez l'huile en mince filet tout en continuant de fouetter. Incorporez le safran, l'ail haché et le vin blanc. Salez et poivrez cet aïoli.
/ Égouttez les pommes de terre et coupez-les en gros cubes lorsqu'elles sont encore tièdes. Déposez-les dans un plat.
/ Versez l'aïoli sur les pommes de terre tièdes et servez.

Bon à savoir !
Cette recette fait partie du Top 5 des tapas en Espagne. Incontournable !

TAPAS
PATATAS
BRAVAS
TORTILLA DE PATATA
MORCILLA
CALAMARES
PULPO
GALLEGO
CROQUETAS

Rissoles au thon

Préparation
30 minutes + 1 heure de repos pour la pâte

Cuisson
15 minutes environ

Ingrédients pour 6 personnes (12 rissoles)
1 boîte de thon au naturel (140 g)
2 cuillerées à soupe de pulpe de tomate
1 pincée de piment d'Espelette
1 œuf
2 cuillerées à soupe de crème fraîche épaisse
Sel, poivre du moulin

Pour la pâte
2 cuillerées à soupe d'estragon en poudre
250 g de farine
2 cuillerées à soupe d'huile d'olive
1 pincée de sel

/ Préparez la pâte : déposez la farine dans un saladier et faites un puits. Versez l'huile et 1 verre d'eau puis ajoutez l'estragon. Salez. Malaxez rapidement la pâte et formez une boule. Laissez reposer 1 heure au réfrigérateur.
/ Préchauffez le four à 180 °C (th. 6).
/ Égouttez le thon et écrasez-le à l'aide d'une fourchette. Ajoutez la crème fraîche et la pulpe de tomate. Assaisonnez de sel, poivre et piment d'Espelette. Mélangez le tout.
/ Étalez la pâte le plus finement possible sur votre plan de travail et découpez 12 petits disques de 3 cm de diamètre à l'aide d'un emporte-pièce.
/ Dans un petit bol, battez l'œuf avec 1 cuillerée à soupe d'eau.
/ Déposez 1 cuillerée à café de farce au thon sur la moitié de chaque disque. Rabattez l'autre moitié du disque sur la farce et soudez les bords en les badigeonnant avec un peu d'œuf battu.
/ Déposez les rissoles dans un plat allant au four. Enfournez et faites cuire 15 minutes environ. Dégustez-les chaudes ou froides.

Bon à savoir !
Ces petites rissoles sont parfaites à glisser dans un panier de pique-nique ou en repas léger, accompagnées d'une salade. En Espagne, elles sont parfois vendues à la pièce.

Tartines à la purée d'olives, anchois et œufs de caille

Préparation
20 minutes

Cuisson
5 minutes

Ingrédients pour 6 personnes (24 tartines)
24 filets d'anchois à l'huile
160 g d'olives noires dénoyautées
24 olives vertes dénoyautées
24 amandes émondées
12 œufs de caille
1 gousse d'ail
1 baguette de pain
1 pincée de piment de Cayenne
2 cuillerées à soupe de persil plat ciselé
10 cl d'huile d'olive
Sel, poivre du moulin

/ Dans une casserole d'eau bouillante, faites durcir les œufs de caille 5 minutes. Passez-les sous l'eau froide, écalez-les et coupez-les en deux.

/ Pelez la gousse d'ail et mettez-la dans le bol d'un robot. Ajoutez les olives noires. Versez l'huile et mixez jusqu'à l'obtention d'une purée. Assaisonnez de sel, poivre et piment de Cayenne.

/ Égouttez les filets d'anchois.

/ Glissez 1 amande dans chaque olive verte.

/ Coupez la baguette en 24 tranches fines. Tartinez-les de purée d'olives.

/ Sur chaque tartine, disposez harmonieusement 1 filet d'anchois, ½ œuf de caille et 1 olive verte fourrée. Parsemez de persil ciselé.

Bon à savoir !
Ne tartinez pas le pain trop longtemps à l'avance, il risque de ramollir ! Préparez de la purée d'olives noires et vertes pour varier les tartines.

Metro de Barcelona

Pimientos del piquillo

Préparation
30 minutes + 24 heures de dessalage

Cuisson
10 minutes

Ingrédients pour 6 personnes
1 bocal de pimientos (150 g)
250 g de morue salée
2 gousses d'ail
3 brins de persil plat

Pour la béchamel
15 cl de lait
25 g de farine
25 g de beurre
Sel, poivre du moulin

/ La veille, faites dessaler la morue dans un grand saladier d'eau froide en renouvelant plusieurs fois l'eau de trempage.
/ Le jour même, rincez la morue. Faites-la pocher 10 minutes environ à feu doux dans une casserole d'eau bouillante.
/ Égouttez la morue. Ôtez soigneusement les arêtes et effeuillez la chair.
/ Préparez la béchamel : dans une petite casserole, faites fondre le beurre à feu doux. Ajoutez la farine en pluie et mélangez. Versez le lait petit à petit sans cesser de remuer, pendant 8 minutes environ, jusqu'à ce que la sauce épaississe. Salez et poivrez.
/ Pelez et hachez les gousses d'ail. Ciselez le persil.
/ Dans le bol d'un robot, déposez la morue, l'ail haché et la béchamel puis mixez le tout grossièrement. Ajoutez le persil et rectifiez l'assaisonnement si nécessaire.
/ Ouvrez délicatement les pimientos et farcissez-les avec la préparation à la morue.
/ Servez les pimientos chauds ou froids.

Bon à savoir !
Pour réchauffer les pimientos, passez-les simplement au micro-ondes. Accompagnez-les d'une salade. On trouve ces petits piments de Navarre épépinés et mis en bocaux dans les épiceries fines et maintenant au supermarché, au rayon spécialités basques ou espagnoles.

BRANDADE DE
CASABEL

Salade tiède de fèves et boudin

Préparation
15 minutes

Cuisson
10 minutes

Ingrédients pour 6 personnes
450 g de fèves écossées et pelées, fraîches ou surgelées
200 g de boudin noir
1 petite tomate
2 cébettes
1 pincée de piment de Cayenne
15 cl de vin blanc
2 cuillerées à soupe d'huile d'olive
Sel, poivre du moulin

/ Émincez les cébettes. Faites-les dorer dans une sauteuse avec l'huile d'olive 3 minutes à feu doux.
/ Ajoutez les fèves et le vin blanc dans la sauteuse. Assaisonnez de sel, poivre et piment de Cayenne. Laissez cuire 3 à 5 minutes à feu moyen (les fèves doivent rester croquantes).
/ Coupez le boudin en rondelles. Saisissez-les dans une poêle sans matière grasse 2 à 3 minutes de chaque côté à feu vif.
/ Coupez la tomate en petits dés.
/ Dans un saladier, mélangez délicatement le boudin, les fèves et les dés de tomate. Servez tiède.

Bon à savoir !
En Espagne, la fève est un ingrédient à part entière. On la déguste en plat unique ou en accompagnement : faites revenir 1 petit oignon et 1 petite gousse d'ail pelés et émincés dans une poêle avec 1 filet d'huile d'olive. Ajoutez les fèves et laissez cuire 10 minutes environ. Mouillez avec 1 verre de vin blanc et continuez la cuisson 10 minutes.

Pan con tomate

Préparation
10 minutes

Sans cuisson

Ingrédients pour 6 personnes
6 tranches de pain de campagne
6 tranches de jambon cru espagnol (Serrano ou Iberico)
3 tomates
3 gousses d'ail
Poivre du moulin

/ Coupez les tomates en deux.
/ Pelez les gousses d'ail et coupez-les en deux.
/ Frottez chaque tranche de pain avec ½ gousse d'ail, puis ½ tomate de façon à ce que la pulpe imbibe bien la mie.
/ Coupez le jambon en lamelles et répartissez-les sur les tranches de pain.
/ Coupez les tranches de pain en 4 ou 5 bandes. Donnez 1 tour de moulin à poivre sur chacune et dégustez.

Bon à savoir !
En Espagne, le jambon est le roi des tapas, il est incontournable. Ne lésinez pas sur sa qualité pour cette tartine très simple mais fort goûteuse.

Chipirons à la catalane

Préparation
20 minutes

Cuisson
15 minutes

Ingrédients pour 6 personnes
1 kg de blancs de chipirons
(ou calamars)
1 tomate
1 poivron rouge
2 oignons frais ou cébettes
2 gousses d'ail
1 pincée de piment de Cayenne
5 brins de persil plat
5 cuillerées à soupe d'huile d'olive
1 filet de vinaigre de Xérès
Sel, poivre du moulin

/ Lavez et séchez les blancs de chipirons. Coupez-les en lamelles.
/ Rincez la tomate et le poivron. Coupez-les en deux, épépinez-les et taillez-les en cubes.
/ Pelez et hachez les gousses d'ail. Émincez les oignons. Hachez le persil.
/ Faites chauffer l'huile dans une sauteuse, puis faites revenir les chipirons 8 minutes à feu vif en remuant.
/ Incorporez dans la sauteuse les cubes de tomate et de poivron, les oignons et l'ail. Poursuivez la cuisson 5 minutes à feu vif.
/ Assaisonnez de sel, poivre et piment de Cayenne. Parsemez de persil haché.
/ Au moment de servir, arrosez la préparation de vinaigre de Xérès.

Bon à savoir !
N'hésitez pas à épicer généreusement ces tapas. Dans tous les bars à tapas, de Séville à Barcelone en passant par Valence, vous trouverez toujours des calamars à l'ail, au piment, au persil, sautés ou en sauce, à déguster sur le pouce.

To
re
ras
To
re
ras

La vraie tortilla

Préparation
15 minutes

Cuisson
25 minutes

Ingrédients pour 6 personnes
12 œufs
4 pommes de terre
3 oignons
30 g de beurre
3 cuillerées à soupe d'huile neutre
Sel, poivre du moulin

/ Épluchez et lavez les pommes de terre, puis coupez-les en petits cubes.
/ Pelez les oignons et émincez-les finement.
/ Battez les œufs dans un saladier. Salez et poivrez.
/ Dans une sauteuse, faites fondre le beurre avec l'huile puis faites revenir les oignons 5 minutes à feu moyen.
/ Ajoutez les pommes de terre dans la sauteuse et mélangez bien. Couvrez et laissez cuire 15 minutes environ toujours à feu moyen, jusqu'à ce que l'ensemble soit fondant. Salez et poivrez.
/ Versez les œufs battus sur les pommes de terre. Couvrez et faites cuire 5 minutes environ à feu doux sans remuer, jusqu'à ce que les œufs soient pris.
/ Décollez les bords de la tortilla avec une cuillère en bois, puis retournez-la sur une assiette. Remettez-la à cuire dans la poêle pendant 4 minutes.
/ Servez la tortilla chaude ou froide coupée en gros cubes.

Bon à savoir !
En Espagne, pas de tapas sans tortilla ! Celle-ci, la classique aux pommes de terre, reste indémodable.

Banderillas terre-mer

Préparation
20 minutes

Cuisson
5 minutes

Ingrédients pour 6 personnes (pour 12 brochettes)
200 g de filet de saumon
2 tranches de jambon Serrano
½ baguette de pain
1 gousse d'ail
2 cuillerées à soupe d'huile d'olive

12 piques en bois

/ Coupez le saumon en 12 gros cubes.
/ Coupez la baguette en 12 croûtons de même calibre que les cubes de saumon.
/ Pelez la gousse d'ail et coupez-la en deux. Frottez chaque morceau de pain avec ½ gousse d'ail.
/ Dans une poêle, faites chauffer l'huile puis faites dorer les croûtons 2 minutes environ sur chaque face à feu moyen. Égouttez-les sur du papier absorbant.
/ Coupez le jambon en 12 lanières.
/ Entourez chaque cube de saumon d'1 lanière de jambon.
/ Dans la poêle ayant servi à la cuisson des croûtons, faites dorer les cubes de saumon au jambon 2 à 3 minutes de chaque côté à feu vif.
/ Sur chaque pique en bois, enfilez 1 croûton frit et 1 cube de saumon au jambon.

Bon à savoir !
Vous pouvez faire mariner les cubes de saumon dans un peu de jus de citron 5 minutes avant de les poêler.

Beignets de légumes

Préparation
10 minutes + 1 heure de repos pour la pâte

Cuisson
5 minutes

Ingrédients pour 6 personnes
1 petit chou-fleur
2 carottes
2 courgettes non traitées

Pour la pâte à beignets
1 œuf
250 g de farine
½ sachet de levure de boulanger
15 cl de lait
Le jus de 2 citrons
3 cuillerées à soupe d'huile d'olive
Huile de friture
1 pincée de sel

/ Préparez la pâte à beignets : séparez le blanc d'œuf du jaune.
/ Dans un grand saladier, versez la farine, la levure, le jaune d'œuf, le lait, l'huile et le sel. Mélangez à l'aide d'un fouet électrique. Couvrez le saladier d'un linge propre et laissez la pâte reposer 1 heure dans un endroit tempéré.
/ Montez le blanc en neige et incorporez-le délicatement à la pâte.
/ Détaillez le chou-fleur en petits bouquets.
/ Pelez les carottes et lavez les courgettes puis coupez-les en bâtonnets.
/ Faites chauffer l'huile de friture dans une sauteuse.
/ Trempez les légumes dans la pâte à beignets. Plongez-les aussitôt dans l'huile bien chaude et laissez-les dorer 5 minutes à feu vif, jusqu'à ce qu'ils soient bien croustillants.
/ Égouttez les beignets sur du papier absorbant. Dégustez-les aussitôt arrosés de jus de citron.

Bon à savoir !
Vous pouvez remplacer le chou-fleur par des brocolis et ajouter des lanières de poivron, de céleri… N'hésitez pas à tremper dans la pâte des petits poissons, des calamars ou des moules décortiquées.

Empanadillas aux poivrons

Préparation
30 minutes + 1 heure de repos pour la pâte

Cuisson
20 minutes

Ingrédients pour 6 personnes (12 empanadillas)
2 poivrons rouges
1 poivron vert
1 bol de riz cuit
1 œuf
1 pincée de piment d'Espelette
Sel, poivre du moulin

Pour la pâte
250 g de farine
10 cl d'huile d'olive
1 gousse d'ail

/ Préparez la pâte : pelez et hachez la gousse d'ail. Dans un saladier, mélangez la farine avec l'huile et l'ail haché. Ajoutez 1 verre d'eau et malaxez la pâte. Travaillez-la rapidement. Formez une boule et laissez reposer 1 heure au réfrigérateur.
/ Rincez les poivrons et faites-les noircir sous le gril du four 15 minutes environ sur chaque face. Laissez-les refroidir dans un sac plastique de type congélation. Ôtez la peau et les graines puis coupez les poivrons en petits dés.
/ Dans un saladier, mélangez les poivrons avec le riz. Assaisonnez de sel, poivre et piment d'Espelette.
/ Préchauffez le four à 180 °C (th. 6).
/ Étalez la pâte assez finement sur votre plan de travail. À l'aide d'une soucoupe ou d'un emporte-pièce de 5 cm, découpez 12 disques de pâte.
/ Dans un petit bol, battez l'œuf avec 1 cuillerée à soupe d'eau.
/ Déposez 1 cuillerée à soupe de farce aux poivrons sur la moitié de chaque disque. Rabattez l'autre moitié du disque sur la farce et soudez les bords en les badigeonnant avec un peu d'œuf battu. Déposez les empanadillas dans un plat allant au four.
/ Enfournez et faites cuire 20 minutes. Dégustez les empanadillas chauds ou froids.

Bon à savoir !
Vous pouvez ajouter à la farce 1 oignon émincé revenu 10 minutes à la poêle.

Cazuelitas de poulpes au chorizo

Préparation
20 minutes

Cuisson
25 minutes

Ingrédients pour 6 personnes
400 g de petits poulpes
200 g de chorizo
50 g d'olives vertes dénoyautées
1 poivron vert
2 gousses d'ail
4 filaments de safran
5 brins de persil plat
Le jus de 1 citron
1 verre de vin blanc (15 cl)
3 cuillerées à soupe d'huile d'olive
Sel, poivre du moulin

/ Placez le poivron sous le gril du four et laissez-le noircir de chaque côté pendant 15 minutes environ. Laissez-le refroidir dans un sac plastique de type congélation. Ôtez la peau et les graines puis coupez-le en lanières.
/ Coupez les olives en rondelles.
/ Nettoyez les poulpes sous un filet d'eau froide. Plongez-les dans une grande casserole d'eau bouillante et faites-les cuire 10 minutes à feu vif. Égouttez-les.
/ Pelez et hachez les gousses d'ail. Ciselez le persil.
/ Faites chauffer l'huile dans une sauteuse, puis faites revenir les poulpes avec l'ail en remuant 2 minutes à feu vif.
/ Délayez les filaments de safran dans le verre de vin blanc.
/ Ajoutez les poivrons et le vin blanc safrané dans la sauteuse. Poursuivez la cuisson 2 minutes à feu moyen.
/ Coupez le chorizo en rondelles, puis poêlez-les 2 minutes à feu vif. Ajoutez-les dans la sauteuse avec les olives.
/ Salez, poivrez et versez le jus de citron. Parsemez de persil ciselé. Servez aussitôt.

Bon à savoir !
Vous pouvez préparer de la même façon des calamars. Sur les côtes d'Espagne et du Portugal, on trouve au marché quantité de petits poulpes. Faites-les cuire et mariner au vinaigre pour les conserver plus longtemps.

Feuilletés d'aubergine au fromage basque

Préparation
20 minutes

Cuisson
15 minutes

Ingrédients pour 6 personnes
(15 feuilletés environ)
1 rouleau de pâte feuilletée (250 g)
1 grosse aubergine
50 g de fromage de brebis basque à pâte dure
Une dizaine d'olives noires dénoyautées
10 cl d'huile d'olive
Sel, poivre du moulin

/ Préchauffez le four à 180 °C (th. 6).
/ Rincez l'aubergine et coupez-la en rondelles de 1 cm d'épaisseur.
/ Dans une poêle, faites chauffer la moitié de l'huile. Faites revenir les rondelles d'aubergine 2 minutes sur chaque face à feu moyen. Égouttez-les sur du papier absorbant.
/ Coupez le fromage en lamelles et les olives en 2 ou 3 rondelles.
/ Déroulez la pâte et, à l'aide d'un emporte-pièce, découpez des disques du même diamètre que les rondelles d'aubergine.
/ Sur chaque disque de pâte, déposez 1 rondelle d'aubergine, 1 lamelle de fromage et 1 rondelle d'olive. Arrosez de quelques gouttes d'huile. Salez et poivrez.
/ Enfournez les feuilletés et faites cuire 15 minutes, jusqu'à ce que la pâte soit bien dorée.

Bon à savoir !
De la même façon, préparez des feuilletés avec des courgettes, des tomates, du fenouil…

Moules à l'escabèche

Préparation
20 minutes + 24 heures
au réfrigérateur

Cuisson
15 minutes

Ingrédients pour 6 personnes
1 litre de moules (bouchot)
1 carotte
2 gousses d'ail
1 petit piment rouge égrainé et haché ou 1 cuillerée à café de piment de Cayenne
2 feuilles de laurier
1 cuillerée à soupe de concentré de tomates
4 cuillerées à soupe d'huile d'olive
15 cl de vinaigre de vin rouge
Sel, poivre du moulin

/ La veille, nettoyez soigneusement les moules. Déposez-les dans une grande casserole et faites-les cuire 5 minutes environ à feu moyen en remuant bien, jusqu'à ce qu'elles soient toutes ouvertes.
/ Décoquillez les moules.
/ Épluchez et hachez les gousses d'ail.
/ Pelez la carotte et coupez-la en petits dés.
/ Faites chauffer l'huile dans une sauteuse. Ajoutez l'ail, les dés de carotte et le concentré de tomates. Mélangez et laissez cuire 5 minutes à feu doux.
/ Incorporez les moules, le piment et le laurier. Versez le vinaigre. Salez et poivrez. Mélangez et laissez cuire 5 minutes toujours à feu doux.
/ Laissez refroidir la préparation. Ôtez les feuilles de laurier et réservez au réfrigérateur jusqu'au lendemain.

Bon à savoir !
En saison, remplacez le concentré de tomates par 1 tomate fraîche coupée en cubes.

PIMENTON ESPECIAL
LA GARRA

Rosaces au saumon

Préparation
15 minutes + 2 heures au réfrigérateur

Cuisson
20 minutes environ

Ingrédients pour 6 personnes
(36 rosaces environ)
4 tranches de saumon fumé
125 g de fromage de chèvre frais
5 brins de ciboulette ou d'aneth
Le jus de ½ citron
2 cuillerées à soupe de crème fraîche épaisse
2 cuillerées à soupe d'huile neutre
Sel, poivre du moulin

Pour la pâte
2 œufs
100 g de farine
15 cl de lait
15 cl de vin blanc
1 pincée de sel et de poivre

/ Préparez la pâte : dans un saladier, battez les œufs avec la farine. Versez le lait et le vin, puis fouettez énergiquement afin d'éviter les grumeaux. Salez et poivrez.

/ Dans une poêle huilée, versez 1 petite louche de pâte et faites cuire la crêpe 2 à 3 minutes de chaque côté. Débarrassez sur une assiette et laissez refroidir. Réalisez ainsi 4 crêpes.

/ Dans un bol, mélangez à l'aide d'une fourchette le fromage de chèvre avec la crème fraîche, le jus de citron et les herbes ciselées. Salez et poivrez.

/ Tartinez chaque crêpe de préparation au fromage. Déposez 1 tranche de saumon par-dessus, puis roulez la crêpe sur elle-même.

/ Recouvrez les rouleaux de saumon de film alimentaire et réservez-les au réfrigérateur 2 heures minimum.

/ Au moment de servir, coupez chaque rouleau en tronçons de 1 cm.

Bon à savoir !
Vous pouvez réaliser ces rosaces avec de la truite fumée. Préparez les rouleaux la veille et réservez-les au réfrigérateur, ils seront plus faciles à découper.

Bouchées à l'espagnole

Préparation
30 minutes

Cuisson
5 minutes

Ingrédients pour 6 personnes (18 bouchées)
18 fines rondelles de baguette de pain
12 tranches de lard fumé
6 petites tranches de jambon cru espagnol (Serrano ou Iberico)
6 œufs de caille
30 g de fromage de brebis à pâte dure
18 mini-asperges
6 tomates cerises
50 g d'olives noires dénoyautées
3 brins de persil plat
4 cuillerées à soupe de mayonnaise (maison, si possible)

/ Dans une casserole d'eau bouillante, faites cuire les asperges 4 minutes. Passez-les sous l'eau froide puis égouttez-les.
/ Réunissez les asperges trois par trois et entourez-les de 2 tranches de lard.
/ Dans une poêle, faites dorer les fagots 2 minutes de chaque côté à feu vif.
/ Dans une petite casserole d'eau bouillante, faites durcir les œufs de caille 5 minutes. Passez-les sous l'eau froide puis écalez-les.
/ Coupez les tomates cerises et les œufs de caille en deux, puis les olives en rondelles. Ciselez le persil.
/ À l'aide d'un économe, prélevez quelques copeaux de fromage.
/ Sur 6 rondelles de baguette, disposez 1 tranche de jambon et quelques copeaux de fromage. Sur 6 autres, placez 1 fagot d'asperges au lard. Tartinez les 6 rondelles restantes de mayonnaise et disposez 2 demi-œufs, 2 demi-tomates parsemées de persil et quelques rondelles d'olives.

Bon à savoir !
L'idéal lorsque vous préparez ce genre de tapas est d'offrir, comme ici, le plus de variétés possible : jambon, légumes, œuf, fromage. Ces tapas peuvent se décliner à l'infini selon votre sens de l'imagination, alors allez-y !

Sardines marinées

Préparation
30 minutes + 1 nuit au réfrigérateur

Sans cuisson

Ingrédients pour 6 personnes
Les filets de 12 sardines fraîches de même taille levés par votre poissonnier
1 carotte
2 échalotes
10 brins de ciboulette
4 cuillerées à soupe d'huile d'olive
15 cl de vinaigre de vin rouge
100 g de gros sel
Poivre du moulin

/ La veille, rincez et essuyez les sardines. Mettez-les dans un plat creux et saupoudrez-les de gros sel. Réservez-les au réfrigérateur toute la nuit.

/ Le jour même, rincez rapidement les filets de sardines sous l'eau froide. Étalez-les dans un plat et arrosez-les de vinaigre.

/ Pelez les échalotes et la carotte puis coupez-les en petits dés. Ciselez la ciboulette. Mélangez le tout dans un bol et répartissez le mélange sur les sardines.

/ Arrosez les sardines d'huile d'olive et poivrez selon votre goût. Réservez au réfrigérateur jusqu'au moment de servir.

Bon à savoir !
Dégustez ces sardines marinées avec du pain de campagne grillé et beurré. Préparez de la même manière des filets d'anchois ou de rougets.

Huevos verde

Préparation
10 minutes + 1 heure au réfrigérateur

Cuisson
8 minutes

Ingrédients pour 6 personnes
6 œufs
3 cornichons
3 cuillerées à café de câpres
1 belle pincée de paprika
2 brins de persil frisé
1 petit bol de mayonnaise (maison, si possible)
2 cuillerées à soupe de moutarde de Dijon
Sel, poivre du moulin

/ Dans une casserole d'eau bouillante, faites durcir les œufs pendant 8 minutes. Passez-les sous l'eau froide et écalez-les. Coupez-les en deux et récupérez délicatement le jaune.

/ Coupez les cornichons en fines rondelles.

/ Égouttez les câpres. Hachez le persil.

/ Dans un bol, écrasez les jaunes d'œufs à l'aide d'une fourchette. Ajoutez la mayonnaise, la moutarde, les câpres, les cornichons et le persil. Salez et poivrez. Mélangez bien le tout.

/ Remplissez la cavité des demi-blancs d'œufs avec la préparation. Saupoudrez de paprika. Réservez 1 heure au réfrigérateur avant de servir.

Bon à savoir !
Ne farcissez pas les œufs trop longtemps à l'avance sous peine de rendre la préparation un peu terne.

Croquetas jambon-fromage

Préparation
30 minutes + 1 nuit au réfrigérateur

Cuisson
8 minutes

Ingrédients pour 6 personnes (12 croquetas)
75 g d'allumettes de jambon
50 g de gruyère râpé
2 œufs
1 pincée de muscade
180 g de farine
125 g de chapelure
50 cl de lait
50 g de beurre
Huile de friture
Sel, poivre du moulin

12 piques en bois

/ La veille, faites fondre le beurre dans une casserole. Ajoutez 100 g de farine en pluie et mélangez avec une cuillère en bois pendant 2 à 3 minutes à feu doux. Versez le lait et laissez épaissir 6 minutes environ sans cesser de remuer. Assaisonnez de sel, poivre et muscade. Incorporez soigneusement le fromage et les allumettes de jambon. Laissez refroidir la préparation, puis réservez au réfrigérateur toute la nuit.

/ Le jour même, battez les œufs dans une assiette creuse. Versez le reste de farine dans une autre assiette et la chapelure dans une troisième assiette.

/ Faites chauffer l'huile dans une friteuse ou dans une sauteuse.

/ Prélevez 1 bonne cuillerée à soupe de préparation au jambon et façonnez 1 croquette de 4 cm de long sur 2 cm de large environ entre vos mains. Passez-la d'abord dans la farine puis dans l'œuf battu et enfin dans la chapelure. Réalisez ainsi les autres croquetas.

/ Plongez les croquetas dans l'huile bien chaude et laissez-les frire 3 à 4 minutes de chaque côté. Égouttez-les sur du papier absorbant.

/ Servez les croquetas accompagnées de piques en bois.

Bon à savoir !
Sans doute les tapas préférées des enfants. Vous pouvez remplacer le jambon par des crevettes grises : ils adorent ça aussi !

Banderillas ceviche-avocat

Préparation
20 minutes + 15 minutes pour la marinade

Sans cuisson

Ingrédients pour 6 personnes (12 brochettes)
2 filets de poisson blanc (daurade ou loup)
2 avocats
6 tomates cerises
1 petit poivron vert
2 citrons
1 oignon blanc
2 brins de persil plat
2 cuillerées à soupe d'huile d'olive
Sel, poivre du moulin

12 piques en bois

/ Coupez les filets de poisson en fines lanières.
/ Hachez l'oignon et le persil.
/ Pressez 1 citron. Versez le jus dans un plat creux et mélangez-le à l'huile d'olive. Ajoutez le hachis oignon-persil. Salez et poivrez.
/ Déposez le poisson dans le plat et laissez mariner 15 minutes.
/ Pendant ce temps, coupez les avocats en petits cubes. Citronnez-les avec le jus du citron restant.
/ Coupez les tomates cerises en deux.
/ Coupez le poivron en petits cubes de la même taille que les cubes d'avocats.
/ Sur chaque pique en bois, enfilez, en les alternant, les lanières de poisson, ½ tomate et les cubes d'avocats et de poivron. Réservez au réfrigérateur jusqu'au moment de servir.

Bon à savoir !
Choisissez un poisson à chair ferme pour réaliser cette recette. L'Amérique latine et l'Espagne se disputent la paternité de cette recette de poisson mariné qui est aussi légère que goûteuse.

Tortilla au chorizo

Préparation
15 minutes

Cuisson
20 minutes

Ingrédients pour 6 personnes
12 œufs
100 g de chorizo fort ou doux
2 oignons
1 poivron vert
10 brins de persil plat
3 cuillerées à soupe d'huile d'olive
Sel, poivre du moulin

/ Préchauffez le four à 200 °C (th. 6 - 7).
/ Rincez le poivron et déposez-le sur la plaque du four. Faites-le noircir 15 minutes environ sur chaque face. Laissez-le refroidir dans un sac plastique de type congélation. Ôtez la peau et les graines, puis coupez-le en fines lanières.
/ Pelez les oignons et émincez-les finement.
/ Faites chauffer 2 cuillerées à soupe d'huile dans une poêle, puis faites revenir les oignons 5 minutes environ à feu moyen.
/ Ôtez la peau du chorizo et coupez-le en fines rondelles. Ciselez le persil.
/ Battez les œufs dans un saladier. Ajoutez le persil, les lanières de poivron et le chorizo. Salez et poivrez.
/ Versez le mélange aux œufs sur les oignons. Couvrez et laissez cuire 4 minutes sans remuer à feu doux.
/ Décollez les bords de la tortilla avec une cuillère en bois, puis retournez-la sur une assiette. Remettez-la à cuire dans la poêle avec le reste d'huile pendant 4 minutes.
/ Servez la tortilla, chaude ou froide, coupée en gros cubes.

Bon à savoir !
Vous pouvez ajouter à la tortilla quelques feuilles d'épinards ou des pois chiches cuits et égouttés. Si vous aimez les saveurs épicées, incorporez 1 petit piment rouge haché.

TORTILLA
DE LA CASA

Salade de pois chiches à la morue

Préparation
20 minutes + 24 heures de dessalage

Cuisson
10 minutes

Ingrédients pour 6 personnes
250 g de morue salée
800 g de pois chiches cuits en boîte ou en bocal
50 g d'olives noires dénoyautées
50 g de pousses d'épinards
1 cébette
1 gousse d'ail
1 pincée de piment d'Espelette
4 brins de persil plat
Le jus de 1 citron
5 cuillerées à soupe d'huile d'olive
1 filet de vinaigre de Xérès
Sel, poivre du moulin

/ La veille, faites dessaler la morue dans un grand saladier d'eau fraîche en renouvelant plusieurs fois l'eau de trempage.
/ Le jour même, rincez et égouttez les pois chiches. Lavez les pousses d'épinards.
/ Coupez les olives en rondelles. Ciselez la cébette. Hachez le persil.
/ Rincez la morue. Faites-la pocher 10 minutes environ dans une casserole d'eau bouillante, puis égouttez-la. Ôtez soigneusement les arêtes et effeuillez la chair.
/ Dans un saladier, mélangez les pois chiches et les pousses d'épinards. Ajoutez les olives, la cébette et la morue.
/ Pelez et écrasez la gousse d'ail. Dans un bol, mélangez le vinaigre et le jus de citron. Ajoutez l'ail. Versez l'huile et fouettez pour bien émulsionner la vinaigrette. Assaisonnez de sel, poivre et piment d'Espelette.
/ Versez la vinaigrette dans le saladier et parsemez de persil.

Bon à savoir !
Vous pouvez préparer cette salade la veille et la réserver au réfrigérateur : les parfums auront le temps de se mélanger. Dans ce cas, ajoutez les feuilles d'épinards au dernier moment.

Feuilletés aux artichauts

Préparation
15 minutes

Cuisson
20 minutes

Ingrédients pour 6 personnes
1 rouleau de pâte feuilletée (250 g)
1 bocal de fonds d'artichauts nature (220 g)
1 petite tomate
50 g de fromage de brebis basque à pâte dure
2 gousses d'ail
5 brins de persil plat
1 jaune d'œuf battu

Piques en bois

/ Préchauffez le four à 200 °C (th. 6-7).
/ Déroulez la pâte et découpez 2 carrés de 15 cm de côté.
/ Égouttez les artichauts et coupez-les en fines lamelles. Dispersez-les sur 1 carré de pâte.
/ Pelez les gousses d'ail. Mixez-les grossièrement avec le fromage et le persil.
/ Pelez et épépinez la tomate, puis coupez-la en tout petits dés. Ajoutez-les à la préparation fromage-persil.
/ Répartissez la préparation sur les artichauts et recouvrez de l'autre carré de pâte.
/ À l'aide d'un pinceau, badigeonnez le feuilleté d'œuf battu.
/ Enfournez et faites cuire 20 minutes.
/ À la sortie du four, découpez le feuilleté en petits carrés.

Bon à savoir !
Vous pouvez ajouter quelques olives vertes hachées à la préparation. Voilà un plat de partage par excellence ! Apportez-le à table et découpez-le devant vos invités.

Cassolettes de scampis aux tomates

Préparation
20 minutes

Cuisson
30 minutes environ

Ingrédients pour 6 personnes
18 petits scampis (grosses crevettes) crus décortiqués
8 tomates
1 gros oignon
2 gousses d'ail
3 brins de persil plat
1 pincée de piment de Cayenne
15 cl de porto
2 cuillerées à soupe d'huile d'olive
Sel, poivre du moulin

/ Dans une casserole d'eau bouillante, plongez les tomates 15 secondes puis passez-les sous l'eau fraîche. Pelez-les et épépinez-les. Coupez la chair en petits cubes.
/ Pelez et hachez les gousses d'ail et l'oignon. Dans une sauteuse, faites-les revenir dans l'huile d'olive 5 minutes à feu moyen.
/ Ajoutez les tomates et le porto dans la sauteuse. Assaisonnez de sel, poivre et piment de Cayenne. Couvrez et laissez cuire 30 minutes à feu doux.
/ Incorporez les scampis et poursuivez la cuisson 3 minutes toujours à feu doux.
/ Répartissez les scampis et leur sauce dans des cassolettes individuelles. Parsemez de persil. Servez bien chaud.

Bon à savoir !
Vous pouvez utiliser des crevettes surgelées (inutile de les décongeler) ; dans ce cas, prolongez la cuisson de 5 minutes.

ANOS VELEZ
ÍANA PINEDA nº 10
EF. 95/580 18 29
DEL RIO (SEVILLA)
Barcelone

Boulettes de viande

Préparation
20 minutes

Cuisson
35 minutes

Ingrédients pour 6 personnes
400 g de noix de veau
200 g d'échine de porc
2 tranches de pain de mie
un peu rassis
2 oignons
2 gousses d'ail
2 œufs
5 brins de persil plat
50 g de farine
20 cl de vin blanc
10 cl de lait
4 cuillerées à soupe d'huile d'arachide
Sel, poivre du moulin

Piques en bois

/ Hachez les deux viandes avec le persil et 1 gousse d'ail pelée.

/ Versez le lait dans un saladier et faites tremper les tranches de pain de mie avec leur croûte.

/ Pelez les oignons et l'autre gousse d'ail puis hachez-les ensemble.

/ Faites chauffer 2 cuillerées à soupe d'huile dans une poêle, puis faites blondir le hachis oignons-ail 5 minutes à feu moyen. Ajoutez le vin blanc. Salez et poivrez. Couvrez et laissez cuire 10 minutes à feu doux.

/ Essorez le pain de mie entre vos mains puis incorporez-le à la viande hachée. Ajoutez ensuite les œufs et 1 cuillerée à soupe de préparation aux oignons en laissant le reste dans la poêle. Salez, poivrez et mélangez.

/ Formez des boulettes de viande entre vos doigts et passez-les dans la farine.

/ Faites chauffer le restant d'huile dans une sauteuse. Faites dorer les boulettes de tous côtés 5 minutes à feu moyen.

/ Déposez les boulettes dans la poêle contenant la sauce aux oignons et faites chauffer 15 minutes à feu doux. Servez aussitôt.

Bon à savoir !
Vous pouvez remplacer le porc par de la chair à saucisse. Essayez aussi la combinaison veau-agneau.

Haricots blancs à la saucisse

Préparation
15 minutes

Cuisson
20 minutes

Ingrédients pour 6 personnes
200 g de saucisse de Morteau
1 boîte de haricots blancs (400 g)
3 tomates
1 poivron rouge
1 petit piment de Cayenne
1 oignon
2 gousses d'ail
5 brins de persil plat
1 cuillerée à soupe de concentré de tomates
20 cl de vin blanc ou rouge
2 cuillerées à soupe d'huile d'olive
Sel, poivre du moulin

/ Pelez et émincez l'oignon. Pelez et hachez les gousses d'ail. Dans une sauteuse, faites revenir l'ensemble avec l'huile d'olive 5 minutes à feu moyen.
/ Plongez les tomates 15 secondes dans une casserole d'eau bouillante, puis passez-les sous l'eau froide. Pelez-les et épépinez-les.
/ Coupez le poivron en deux. Épépinez-le et taillez-le en petits cubes.
/ Ajoutez les tomates et le poivron dans la sauteuse. Faites-les revenir 3 minutes à feu vif. Versez le vin et le concentré de tomates. Assaisonnez de sel, poivre et piment de Cayenne. Poursuivez la cuisson 10 minutes à feu doux.
/ Pendant ce temps, ôtez la peau de la saucisse et faites revenir la chair dans une poêle sans matière grasse 10 minutes à feu vif.
/ À l'aide d'une fourchette, écrasez la chair de la saucisse.
/ Égouttez les haricots. Hachez le persil.
/ Incorporez les haricots, la chair à saucisse et le persil dans la sauteuse. Mélangez et faites réchauffer le tout à feu doux. Servez aussitôt.

Bon à savoir !
Ce plat est encore meilleur avec des haricots blancs frais. Remplacez la saucisse par du jambon cru coupé en petits cubes.

EL PAIS
EL PERIÓDICO GLOBAL EN ESPAÑOL

Remerciements

Les tapas sont pour moi synonymes de soleil, de gaieté, de convivialité, de gourmandise. Rien de mieux que ces petites bouchées à picorer de-ci de-là pour se sentir détendu, chacun se servant selon son goût et son appétit sans aucune contrainte… Presque comme des vacances.

Un grand merci à toute l'équipe de Mango dont l'enthousiasme sans faille et la gentillesse font que je n'ai presque pas l'impression de travailler !

Un grand merci à Aimery pour ses belles photos et sa toujours grande implication. Amoureux du Pays basque, il ne pouvait y avoir meilleur interprète pour mes recettes.

Un grand merci à ma famille et mes amis. Les tapas ne se dégustent pas en solitaire. Sans eux pas de réunions, et sans réunions pas de tapas !

Un clin d'œil à mon papa : merci pour sa carte, fil conducteur de nos photos.

Quant à vous qui avez ce petit livre entre les mains, aux recettes très simples à réaliser, programmez un air de flamenco, préparez une sangria, sortez le jambon… C'est parti, vous êtes presque en Espagne !

Sophie Menut

Équivalences

MESURES LIQUIDES

SYSTÈME MÉTRIQUE	SYSTÈME AMÉRICAIN	AUTRE NOM
5 ml	1 cuillère à thé (cuillère à café française)	
15 ml	1 cuillère à table (cuillère à soupe française)	
35 ml	1/8 cup (tasse française)	1 oz (ou once)
65 ml	1/4 cup ou 1/4 grand verre	2 oz
125 ml	1/2 cup ou 1/2 grand verre	4 oz
250 ml	1 cup ou 1 grand verre	8 oz
500 ml	2 cups ou 1 pinte	
1 litre	4 cups ou 2 pintes	

MESURES SOLIDES

SYSTÈME MÉTRIQUE	SYSTÈME AMÉRICAIN	AUTRE NOM
30 g	1 oz	
55 g	1/8 lbs	2 oz
115 g	1/4 lbs	4 oz
170 g	3/8 lbs	6 oz
225 g	1/2 lbs	8 oz
454 g	1 livre	16 oz

CHALEUR DU FOUR

CHALEUR	° CELSIUS	THERMOSTAT	° FAHRENHEIT
Très doux	70 °C	Th. 2-3	150 °F
Doux	100 °C	Th. 3-4	200 °F
	120 °C	Th. 4	250 °F
Moyen	150 °C	Th. 5	300 °F
	180 °C	Th. 6	350 °F
Chaud	200 °C	Th. 6-7	400 °F
	230 °C	Th. 7-8	450 °F
Très chaud	260 °C	Th. 8-9	500 °F

Du même auteur…

…dans la même collection

- Craquez pour Bali !
- Craquez pour les yaourts !
- Craquez pour le tiramisu !
- Craquez pour la banane !
- Craquez pour les wraps !
- Craquez pour le Petit Billy !
- Craquez pour les tartares !
- Craquez pour les cupcakes !
- Craquez pour les sablés !
- Craquez pour le chocolat !
- Craquez pour les lasagnes !
- Craquez pour la sardine !
- Craquez pour les soufflés !
- Craquez pour les tartes !
- Craquez pour le foie gras !
- Craquez pour le risotto !
- Craquez pour les terrines !
- Craquez pour le pain grillé !
- Craquez pour la noix de coco !
- Craquez pour les biscuits apéro !
- Craquez pour les brochettes !
- Craquez pour les œufs cocotte !
- Craquez pour le pain maison !
- Craquez pour les tourtes et pies !
- Craquez pour les barres céréales !
- Craquez pour les petits biscuits !
- Craquez pour les crevettes !
- Craquez pour les charlottes !
- Craquez pour les crèmes maison !
- Craquez pour les Saint-Jacques !
- Craquez pour les boulettes !
- Craquez pour la plancha !
- Craquez pour la crème de marrons !
- Craquez pour les gâteaux renversés !
- Craquez pour les moelleux sucrés !
- Craquez pour le croque-monsieur !
- Craquez pour les moelleux salés !
- Craquez pour la cuisine des ch'tis !
- Craquez pour les petites mousses !
- Craquez pour les donuts et bagels !
- Craquez pour les flans et clafoutis !
- Craquez pour les sauces et marinades !
- Craquez pour les desserts en cocotte !
- Craquez pour le riz et les nouilles sautés !
- Craquez pour les fondues et raclettes !
- Craquez pour les soupes du monde !
- Craquez pour les coquillages et crustacés !

Édition : Barbara Sabatier et Aurélie Cazenave – Maquette : Natacha Marmouget – Fabrication : Thierry Dubus et Florence Bellot
N° d'édition : M11060 – Code MDS : 73822 – ISBN : 978 2 317 00061 4
Photogravure : Amalthéa
Achevé d'imprimer en mai 2011 par Gruppo Editoriale Zanardi en Italie
Dépôt légal : mai 2011 – Édition N°1